UN SECOND MOT (1)

A

M. BRICOGNE.

Paris, ce 31 mai 1819.

Monsieur,

Je m'étais bien attendu que vous trouveriez ma réponse peu claire, inintelligible même, parce qu'il n'est pas de plus mauvais sourd que celui qui ne veut pas entendre; et, à cet égard, nous ne pouvions pas être en difficulté, parce que je n'avais pas fait ma réponse pour vous seul. Mais j'étais loin de penser que vous étendriez mon obscurité jusque sur ma préface, afin de vous donner le droit de dénaturer mes intentions, lorsque je les y ai si clairement exprimées.

J'ai formellement annoncé, dans cette pré-

(1) Celui-ci ne sera pas délayé en 61 pages; il sera plus resserré, et j'espère que vous l'entendrez mieux.

face, que je ne prenais la plume que pour défendre la chose publique, radicalement attaquée par votre proposition de réduire la contribution foncière de 50 millions dès 1819.

Méconnaissant une intention aussi clairement exprimée, vous me transformez en défenseur des comptes de la comptabilité, et vous ne voulez voir en moi qu'un subordonné qui écrit *par ordre* sous la dictée de ses supérieurs. Cette métamorphose a pu vous paraître plaisante; mais, comme elle blesse la vérité, trouvez bon que je la repousse.

Il m'a été trop pénible d'employer mes raisonnemens à démontrer qu'une réduction en 1819 était impraticable, pour que je puisse souffrir que vous les esquiviez aussi facilement.

Vous n'êtes plus ici sur le chapitre des comptes, terrain commode sur lequel on peut déraisonner et battre la campagne tout à son aise. Il s'agit d'une question unique que vous avez élevée et que vous ne pouvez plus éluder sans confesser votre imprudence, sans accepter la honte de votre défaite.

Je viens donc continuer le combat et rétablir ce que vous avez dénaturé. Ma marche sera simple : j'examinerai comment vous soutenez vos propositions, et comment vous répondez aux attaques que je leur ai faites.

Je n'imiterai point votre exemple en vous prêtant des erreurs, je vous ferai grâce au contraire de quelques-unes; et d'abord j'oublie que vous ayez prétendu que c'était la contribution foncière qu'il fallait diminuer de 50 millions, parce que tout le monde a été unanime sur l'absurdité de cette prétention, et je suppose que, de toute éternité, vous vous êtes borné à demander une *réduction d'impôts* de 50 millions, sans préciser ceux qui devaient participer à cette réduction.

Sonnant la victoire avant la charge, vous aviez, disiez-vous, *marché à la conquête* de cette réduction par trois situations différentes. Deux n'ont pu soutenir l'examen, elles ont disparu au premier regard, et leur destruction n'a tourné qu'à votre confusion, aussi ne les avez-vous pas reproduites.

La troisième, qui était l'augmentation des produits indirects en 1819, étant devenue par là votre armée, votre réserve, votre tout enfin, vous lui avez confié votre salut. J'ai eu beau vous prévenir qu'elle ne pouvait pas l'assurer, et soutenir mes avis par les raisons les plus concluantes; loin d'en tenir quelque compte, vous avez au contraire enchéri sur vos prétentions déjà insoutenables.

Dans votre *Situation au vrai* vous ne demandiez (page 49) qu'une augmentation totale de 50 millions, dans laquelle vous faisiez entrer les boissons pour 15 à 20 ; mais, dans votre *Réponse* (page 6), vous élevez cette augmentation à 56 millions, parce que vous y comprenez les boissons pour 20 à 25.

Pour appuyer cette proposition, vous rapportez des faits qui servent précisément à la démentir.

Vous reconnaissez que tous les produits indirects n'ont donné, dans le premier trimestre de 1819, que 121 millions, et qu'ils sont portés au budjet de l'année pour....... 488 millions.

On ne peut tirer de ce fait qu'une seule induction raisonnable, qui est l'espérance que les trois derniers trimestres produiront autant que le premier : or, 121 millions, multipliés par 4, donneront........................ 484 millions.

Et le budjet présentera un déficit de...................... 4 millions.

Un courage ordinaire se serait arrêté devant ce résultat, qui prouve évidemment que le budget n'est pas *attenué*, et qui prouverait au besoin qu'il est forcé ; mais le vôtre n'est pas à de si faibles épreuves (1); et, vous lançant dans la région des chimères, vous prétendez, sans en donner de motifs, et sans qu'on sache pourquoi, que les derniers trimestres produisent toujours plus que le premier.

Après avoir fait jaillir cette augmentation de votre cerveau, il a fallu d'abord l'évaluer et ensuite la soutenir.

Pour l'évaluer, vous avez éprouvé quelques embarras; vous étiez incertain entre 15 et 20 millions par trimestre; vous avez donné la préférence à 15, parce que c'était moins exorbitant et conséquemment moins extravagant: mais 15 par trois, nombre des trimestres à venir, ne donnaient que 45 qui, moins 4 montant du déficit, se réduisaient à 41. Pour arriver à 56 qui est le nombre que vous vouliez trouver, il a fallu que le premier trimestre se ressentît aussi de votre libéralité; vous lui avez donc donné 15 autres millions comme à ses frères, et vous l'avez porté à 136 millions, quoique vous sussiez bien qu'il n'en avait produit que 121; ainsi, lorsque vous faites l'accommodant, et que

(1) Étais-je bon de penser que mes raisonnemens convaincraient M. Bricogne, lorsqu'il dédaigne des faits aussi évidens!

vous paraissez ne vouloir qu'une petite augmentation de 15 millions par trimestre, vous en exigez effectivement une de 20.

Pour la soutenir, vous avez été beaucoup moins embarrassé, parce que le sel et les boissons sont venus à votre secours. *Le sel*, dites-vous, *ne se fabrique et ne se vend qu'en été; et en été on boit plus qu'en hiver*. On fabrique du sel, et on en vend dans toutes les saisons. Si vous aviez la fantaisie de vous procurer du sel fabriqué pendant l'hiver, je vous indiquerais des fabriques où il vous en serait fourni plus que vous ne pourriez peut-être en payer avec les millions réels de l'augmentation que vous supposez. La consommation du sel est journalière; mais le Midi, par exemple, en consomme prodigieusement plus en hiver qu'en été, par rapport à ses salaisons. A l'égard des boissons, chacun va, dans l'été, boire à la campagne son vin du crû qui ne paye pas de droits. Vous n'êtes pas heureux, comme vous voyez, dans le choix de vos moyens; mais aussi pourquoi y recourir? Dans les trois trimestres qui restent à s'écouler, n'avez-vous pas et de l'été et de l'hiver? et pouvez-vous raisonnablement faire un avantage à l'un aux dépens de l'autre, sans nuire à vos raisonnemens?

Cessez donc de vous débattre contre l'évidence. Vous voulez que la diminution des douanes ne soit *qu'un retard* , que l'augmentation de l'enregistrement soit *certaine* , et que l'accroissement du droit sur les boissons soit infaillible ; je le veux aussi bien que vous , et j'aime à croire que vous ne le désirez pas moins sincèrement que moi. Mais cessez de fonder, sur ces espérances qui ne sont pas malheureusement très-probables dans ce moment, une réduction d'impôts qui pourrait devenir très-dangereuse pour l'état , et reconnaissez avec moi que, si nous sommes assez heureux pour voir réaliser ces espérances, nous serons à temps l'année prochaine de faire cette réduction., et qu'elle nous sera plus agréable alors , parce qu'elle sera durable , qu'elle ne pourrait l'être dans ce moment, puisqu'elle serait empoisonnée par l'incertitude.

Je vais examiner maintenant comment vous avez répondu aux attaques que j'ai portées à votre proposition de réduire les impôts de 1819 (1). J'ai prétendu que cette réduction ne pouvait pas avoir lieu cette année :

1.° Parce que 1818 et l'antérieur nous laissaient un déficit de 142,279,111 fr. après la

---

(1) Vous voyez que je vous tiens parole, et que je ne parle pas de la contribution foncière.

vente de tous les effets publics existans dans les porte-feuilles du trésor ;

2.° Parce que 1819, en supposant que le budget fût adopté tel qu'il était proposé, offrirait un déficit numérique de 3,180,000 fr., par le seul fait de la vente des effets publics;

3.° Parce que 1820 aurait à payer 100 millions aux étrangers, pour la représentation des 6,615,944 fr. de rentes que nous avions repris d'eux; et que cette rente, en supposant qu'elle fût vendue à 70 fr., ne produirait que 92,623,216 fr., ce qui laisserait un déficit de 7,376,784 fr. ;

4.° Parce que 1821 verrait s'ouvrir le paiement par cinquième des reconnaissances de liquidation devant monter à 360 millions au moins, et que les 3,600,000 fr. de rentes, représentant aujourd'hui 72 millions pour le *cinquième* à rembourser en 1821, ne vaudraient alors, au cours de 70 fr., que 50,400,000 fr., et présenteraient conséquemment un déficit de 21,600,000 fr. ;

5.° Parce que 1822, 1823, 1824 et 1825 offriraient, chaque année, un semblable déficit de 21,600,000 fr., si le cours de la rente ne dépassait pas 70 fr. ;

6.° Enfin parce que, en regard de *déficits aussi certains*, nous ne pouvions placer que des *pro-*

babilités (très-grandes sans doute), sous le rapport de l'élévation et de la fixité de nos impôts, sous celui de la situation politique toute nouvelle dans laquelle nous nous trouvions, et sous celui de l'affermissement de nos institutions et de la durée de notre tranquillité.

Je vous avais également fait remarquer que c'était fort mal préluder à une fixation avantageuse du cours de la rente qui doit servir de base au paiement des reconnaissances de liquidation à faire en 1821, que d'en vendre, en 1820, plus de 7 millions pour payer les étrangers; et que c'était également se mal préparer à vendre favorablement ces 7 millions, en 1820, que d'en vendre forcément près de 5 en 1819.

A peine avez-vous fait attention à ces observations; et cependant elles sont, je ne dirai pas les seules, mais les plus importantes à consulter pour arriver à une réduction d'impôts.

Vous concédez le déficit final de 142 millions, et vous semblez le dédaigner, parce que le trésor soutient facilement une dette flottante de 175 millions. Mais cette dette flottante n'existe que par le concours de volontés indépendantes du trésor. S'il plaisait aux porteurs des effets à payer de ne pas les renouveler, et si les receveurs généraux trouvaient plus d'avantages à placer ailleurs leurs fonds particuliers, où prendriez-vous les moyens de faire ce remboursement? Sans doute sur les fonds destinés à soutenir le service; mais alors que deviendrait le service? Ne serait-il pas préférable, sous tous les rapports, que le crédit, dont le trésor peut jouir, restât tout entier pour la facilité de son service et pour parer à un grand besoin imprévu, celui, par exemple, de compléter notre armée sur le pied de paix?

Je veux éloigner toute chance défavorable; mais enfin peut-on nier que les effets de la crise n'existent encore chez nous? et doit-on fermer les yeux sur les faillites qui affligent dans ce moment les principales places de l'Europe, sur la baisse des fonds publics en Angleterre, et sur la question qu'on y agite? Les faillites réagiront-elles sur nous? la reprise des paiemens en numéraire et la baisse des fonds publics, en Angleterre, nous porteront-elles ou nous retireront-elles des capitaux? La seule incertitude qui résulte de ces questions, commande de ne pas laisser le trésor sous le poids d'une circulation trop considérable que le déficit rend inévitable.

Le paiement de 100 millions à faire aux étrangers vous paraît assuré par les rentes affectées à cette destination. Vous avez presque raison; seulement vous vous déchargez de tous les embarras de ce paiement, en établissant très-gratuitement qu'on reprendra ces rentes qu'on vous a déjà rendues, et que l'on acceptera le paiement de la différence dans la même valeur.

Quant aux reconnaissances de liquidation dont le paiement s'ouvrira en 1821, vous vous mettez encore bien plus à l'aise : « *Qui a temps ne doit rien*, » dites-vous.

Cette maxime tranche sans doute toutes les difficultés, mais elle n'en résout aucune ; aussi, dans la même ligne (page 19), êtes-vous forcé d'admettre la nécessité de reporter, dans deux ans, les contributions au taux actuel. Vous avez beau nous vanter *le véritable soulagement de* 100 *millions*, qui résultera de les *avoir réduites en* 1819 et 1820, vous n'en tarissez pas moins cette *source de bonheur* qui (dans votre *Situation au vrai*, page 55), devait nous venir *de la fixité de la contribution foncière*, *aussitôt après le dégrèvement de* 50 *millions*.

Tombant ainsi de la contradiction dans le ridicule, en ce que le dégrèvement de 50 millions, qui, à vous entendre, devait être accordé *dès* 1819, sans le moindre retardement et pour toujours, se trouvait, en dernier résultat, converti en un soulagement temporaire, il ne vous restait plus qu'à reconnaître franchement que votre zèle vous avait emporté trop loin. En abjurant ainsi vos erreurs, vous détruisiez le leurre que vous aviez présenté aux yeux d'un public peu capable d'approfondir une matière aussi difficile, vous répariez le mal que vous aviez fait, et vous rendiez au Roi et à la Chambre des Députés l'initiative dont ils doivent être le plus jaloux, celle d'une réduction d'impôts que vous aviez si ridiculement prétendu leur enlever.

Au lieu de saisir avec empressement un moyen aussi honorable, vous avez aggravé vos torts; j'en suis vraiment fâché pour vous.

Quant à moi, persistant dans ma conclusion première, je maintiens qu'il n'y a de réduction convenable à opérer dans les impôts de 1819, qu'autant qu'il en sera fait, non dans les crédits qui sont demandés par les ministres, mais dans les dépenses qui sont proposées par le budget.

Et, du reste, plein de confiance dans la sagesse, dans le zèle éclairé et la noble sollicitude de la Chambre des Députés, je fais, dans l'intérêt de mon pays, les vœux les plus sincères pour que cette Chambre adopte l'opinion que l'un de ses membres les plus distingués (1) a laissé entrevoir dernièrement, d'appliquer à

(1) M. de Villèle, séance du vendredi 28 mai.

l'extinction du passif des caisses, tout le *boni* qu'il sera possible d'obtenir par la réduction des dépenses et par l'éventualité des produits indirects;

Sauf, à faire en 1820, en connaissance de cause, telle réduction d'impôts qui sera jugée praticable.

Après vous avoir dit tout ce qui m'a paru nécessaire dans l'intérêt de la chose publique, je vais entrer avec vous dans quelques explications particulières. J'ai fait tout ce que j'ai pu pour les éviter; mais, puisque vous le voulez, il faut bien que je les aborde.

Vous trouvez que je ne suis pas très-poli, en traitant vos propositions de *niaiseries*. Je dois vous avouer que j'ai eu beaucoup de répugnance à me servir de cette expression; mais j'ose vous dire qu'il ne m'a pas été possible de l'éluder. En parlant de commis, vous les appelez vos camarades : s'il est vrai que vous ayiez des camarades, je vous autorise à les réunir en tel nombre que vous le voudrez; et si la dixième partie de cette réunion décide que je pouvais me servir d'une autre expression, j'avouerai que j'ai eu tort de ne pas avoir employé celle qui eût été plus juste, mais qui, probablement, eût été plus offensante.

Mais, en supposant que je me fusse donné le

tort de vous dire une sottise, était-ce une raison pour vous de flétrir mon caractère, en me présentant comme défendant, cette année, des comptes que j'ai attaqués l'année dernière? Je mesure toujours l'offense sur l'intention. Comme c'est une chose ordinaire pour vous de défaire le lendemain ce que vous avez fait la veille, je suis convaincu que vous n'avez pas voulu m'offenser en me prêtant votre conduite.

Au sujet de ces comptes que vous m'accusez si gratuitement d'avoir défendus, tandis que je n'ai voulu ni les attaquer ni les défendre, et que je ne puis les avoir défendus qu'autant que leur défense résulterait de l'exposition des faits, vous prétendez que je les ai défendus *par ordre*. Ici, du moins, j'ai le choix des synonymes; et, en vous disant que *ce n'est pas*, mon assertion a autant de force que si je la donnais dans des termes plus énergiques. Non, Monsieur, je n'ai point reçu *d'ordre* pour écrire; et j'ose penser que mes supérieurs, qui ne sont pas en aussi grand nombre que vous voulez bien le faire croire, m'estiment assez pour n'avoir jamais songé à me donner un ordre semblable. Je n'ai donc pas écrit *par ordre*, je ne l'ai même pas fait pour venger, de votre indécente attaque, le caractère d'un homme qui m'honore de son amitié, et qui jouit de toute la mienne depuis long-temps. Je n'ai écrit que pour sauver la chose publique du coup que vous vouliez lui porter.

Mais vous, Monsieur, de quel droit attaquez-vous ces comptes? A quelle époque, sans en excepter 1809 et 1812 que vous chérissez tant, en avez-vous vu en France qui fussent, je ne dirai pas meilleurs, mais aussi bons? Tous les comptes qui ont précédé ceux de 1816 et de 1817 ont eu, sur ceux-ci, l'avantage d'être à l'abri de toute critique, parce qu'ils étaient inintelligibles. Le compte de 1816 a été, sans aucune comparaison, supérieur à tous ceux qui l'avaient précédé, puisqu'on a pu l'entendre et le critiquer; et celui de 1817 est incontestablement meilleur que celui de 1816. Il s'en faut cependant que l'un et l'autre soient parfaits; mais cette perfection ne peut pas être l'ouvrage d'un jour; le Ministre promet de s'en occuper sans relâche; il en met l'obligation au rang de ses premiers devoirs. Que pouvez-vous demander de plus? Osez-vous lui contester les talens nécessaires pour venir à bout de cette difficulté, qui n'a été bien connue, bien établie, que depuis son retour au ministère, et dont on ne se doutait même pas auparavant? car, jusqu'alors, les Ministres et les Chambres avaient accepté les comptes sans y regarder. Vous avez raison de confondre les vices de l'organisation de 1814 et de 1815 avec les erreurs des comptes; mais, selon votre habitude, vous n'êtes pas exact, parce que vous êtes incomplet. Puisque vous voulez bien déclarer que je connais, *aussi bien que personne*, ces vices et ces erreurs, je dois vous en donner mon avis.

Ce que vous appelez les erreurs des comptes, et qui n'est autre chose que leur imperfection, provient effectivement des vices de l'organisation de 1814 et de 1815, que les événemens de ces années n'ont pas permis de corriger, parce que, comme on l'a très-bien dit, le désordre seul peut être improvisé, et que l'ordre est l'ouvrage du temps. Aucun changement n'ayant été porté dans l'organisation, en 1814 ni en 1815, il faut donc remonter à l'organisation de 1808, qui est réellement celle qui existe aujourd'hui, sauf quelques légères modifications qui sont très-insignifiantes. Cette organisation de 1808 était bonne en elle-même. Si elle n'a pas produit tous les avantages qu'avait fait espérer le mérite de sa conception, il faut l'attribuer aux vices de son exécution; mais, d'où sont venus les vices de son exécution? De vous, de vous seul. On eut malheureusement alors trop de confiance en vous pendant un seul jour; le lendemain cette confiance vous fut inutile, vous fûtes indispensable. Vous arrivâtes à ce terme de vos désirs, en déprimant le mérite de tous ceux qui vous avaient devancé dans la direction des affaires, pour vous établir à leur place, et en retenant, en tout ou en partie, les opérations qui étaient la base de leur travail et de celui de leurs divisions que vous avez ainsi désorganisées. Si ces déplorables effets eussent été le fruit de l'erreur, je les excuserais et ne les rappellerais pas; mais ils furent le résultat de vos combinaisons, pour votre utilité peronnelle, au détriment de la chose publique; et je me dois, je dois à la société de les mettre au jour, afin qu'on puisse juger un homme qui ne reconnaît point de bornes dans ses attaques.

Vous prétendez que *tous mes calculs ne sont que des jeux de chiffres, embarrassés, confus, inexacts, erronés, par lesquels je ne fais que tourner et retourner les sommes du budget, sans rien expliquer, sans rien prouver contre le travail de la commission, sans éclairer aucun doute*. Distinguons :

Mes calculs peuvent être embarrassés et confus; j'en abandonne le jugement aux hommes de bonne foi; mais je nie qu'ils soient inexacts et erronés, et j'en appelle à vous-même, puisque vous n'avez pas changé un centime à ma ligne finale, qui est le déficit de 142 millions.

J'avoue, du reste, que j'ai le tort de n'avoir pas pris ces calculs dans ma tête, et que, discutant sur le budget, c'est tout bonnement là que je les ai puisés.

Vous vous plaignez de ce que je n'ai éclairci aucun doute ; et vraisemblablement vous voulez parler de ceux que vous avez élevés. Je vous prierai de vous reporter à la première page de ma préface ; vous y verrez que je laisse au ministère le soin de les éclairer, s'il le juge convenable, et que je ne me charge que de combattre vos erreurs. La qualité essentielle d'un doute est la bonne foi. Je n'ai pas examiné les vôtres, parce qu'il n'entrait pas dans mon sujet de le faire ; mais, mon sujet m'y eût-il obligé, je les aurais dédaignés.

Avais-je à combattre le travail de la commission ? Pourquoi me reprochez-vous donc de n'avoir rien prouvé contre ce travail ? C'est parce que vous n'avez aucun sentiment du respect que l'on doit à des réunions d'hommes, et surtout d'hommes aussi éminens, puisqu'ils sont investis de la confiance de la nation. Si vous eussiez eu le sentiment de ce respect, n'auriez-vous pas gardé le plus profond silence sur la déplorable discordance qui a existé entre le travail de cette commission et celui du Ministre? Qu'a donc produit cette discordance ? Est-ce l'explication d'un déficit de 56 millions, comme vous l'avez indiscrètement dit dans la *Gazette de France* du 24 mai, et aussi indiscrètement répété dans vos observations préliminaires? C'est tout simplement une augmentation de recette de 1,733,000 fr. sur les contributions directes que le Ministre a reconnu fondée, mais qu'il a dit avoir portée, suivant l'ancien usage, dans les fonds locaux, jusqu'à l'apurement de l'exercice. Y avait-il là motif suffisant du scandale que vous en avez fait, soit contre le Ministre qui était pleinement désintéressé sur les opérations portées dans ces comptes et sur ces comptes eux-mêmes, soit à l'égard de la commission dont la Chambre, en définitif, modifiait le travail par l'introduction des deux dates dans le projet de loi?

N'est-ce pas également au défaut de ce sentiment de respect dont je viens de parler, que l'on doit attribuer la légèreté avec laquelle vous faites concourir la généralité des employés du ministère des finances à la rédaction d'une brochure anonyme? Ou plutôt est-ce un délire de votre orgueil de penser que tout le ministère ensemble suffit à peine pour vous combattre; de cet orgueil qui vous fait dire, dans votre *Situation au vrai* (page 11) que, cinq ou six impôts nouveaux ayant été proposés en 1816, vous osâtes imprimer qu'il fallait les repousser et recourir à des emprunts, et que *les impôts furent refusés et les emprunts adoptés ;* de cet orgueil enfin qui vous pousse à faire imprimer, dans votre *Réponse* (page viij) : *Suis-je bien coupable pour avoir pensé, prévu, annoncé ce que la Chambre a décidé* (1)?

A l'exception d'un seul mot que je n'avais pas pu remplacer, ma brochure était écrite avec la plus grande modération. J'espérais que vous m'en tiendriez compte, en considération du travail que m'avait occasionné le choix de mes expressions, pour répondre à un ouvrage qui, d'un bout à l'autre, dénature tout, parce qu'enfin les formes polies, pour démentir constamment et sans cesse, sont bientôt épuisées. Je n'ai pas été peu étonné de trouver dans votre *Réponse* mes espérances déçues, et de me voir provoqué sur des points qui devaient me rester totalement étrangers.

Vous me reprochez, page 21, d'avoir dit, sans en avoir donné aucune preuve, que des erreurs vous étaient échappées au sujet des frais de négociation. Jusque-là, vous n'êtes qu'imprudent, parce que, appréciant mieux que per-

(1) Ceci ne pourrait-il pas expliquer l'empressement qu'il y a eu à mettre en vente la *Situation au vrai*, avant qu'elle fût terminée?

sonne la solidité et la bonne foi que je porte dans mes écrits, vous deviez être assuré que j'avais eu mes raisons pour avancer cette assertion : mais vous devenez indiscret, lorsque vous me reprochez ;

Page 11, d'éviter de répondre aux comparaisons des en-caisses à différentes époques ;

Page 21. D'avoir esquivé adroitement la défense du crédit de 22,413,000 fr., demandé pour frais de négociation ;

Pages 24 et 25. D'avoir oublié de donner des explications sur la comparaison des frais de négociation antérieurs, et d'avoir évité de répondre à cette question embarrassante, *lequel des Ministres fut le plus habile et le plus économe ?*

Je ne vois pas à quel propos vous m'adressez ces reproches. Ces questions se rattachent-elles à celle que j'ai entrepris de traiter ? Qu'a de commun une réduction d'impôts avec des en-caisses plus ou moins considérables à diverses époques, et avec des frais de négociation plus ou moins bien employés ? Je ne suis donc pas dans l'obligation de répondre à ces reproches. Cependant, en vous donnant la satisfaction que je vous dois au sujet des erreurs que j'ai dit vous être échappées sur les frais de négociation, j'espère vous donner aussi, ou du moins vous mettre sur la voie d'obtenir les explications que vous cherchez.

J'ai dit, au sujet des frais de négociation, que vos rapprochemens étaient toujours inexacts parce qu'ils étaient toujours incomplets, et je le prouve.

Vous reconnaissez (*Situation au vrai*, p. 80) que *les frais de négociation doivent se mesurer sur la lenteur des recettes, l'urgence des dépenses et l'étendue des unes et des autres.*

Conformément à cette définition, qui n'est pas complète mais qui est juste dans tout ce qu'elle énonce, le tableau qui la suit devait comprendre, d'une part, les recettes à faire et les recettes faites pour en *mesurer la lenteur*, et de l'autre, les dépenses à payer et celles payées pour en *mesurer l'urgence ;* alors les frais de négociation que vous auriez portés auraient pu être jugés comparativement à *l'étendue* des recettes et des paiemens. Vous n'avez rapporté que les paiemens ; donc votre rapprochement est incomplet. Est-il incomplet par erreur ou par perfidie ? La suite de votre raisonnement ne permet pas d'élever ce doute.

Vous avez voulu présenter M. Louis comme le moins habile et le moins économe des trois Ministres que vous avez cités. A Dieu ne plaise que je veuille établir ici de parallèle entre ces administrateurs, et encore moins élever l'un au détriment des autres ; mais vous comparez là des choses qui sont dissemblables, et vous faites cette comparaison, malgré que vous sachiez bien qu'elle ne peut pas avoir lieu.

Jusques en 1814, le trésor a reçu par la loi des assignations de dépense pour des sommes égales à celles qu'on lui a donné à recevoir ; il ne lui fallait alors que *des frais de négociation*. Par suite des événemens qui ont précédé la restauration, le trésor a consommé des dépôts qui lui avaient été confiés ; il s'est donc trouvé en déficit du montant de ces dépôts ; et la loi ne lui ayant jamais assigné de recettes pour couvrir ce déficit, il a bien fallu lui donner, *en outre des frais de négociation*, les fonds nécessaires pour payer les *intérêts* du déficit.

De cette circonstance, qui est à votre connaissance et à celle du public, il résulte qu'on ne peut pas comparer en masse les frais de négociation demandés ou employés par les Ministres antérieurs au 1.er avril 1814, avec ceux demandés ou employés par les Ministres postérieurs. La comparaison des demandes de M. Louis ne pouvait donc se faire qu'avec les opérations de M. Corvetto, puisque ces deux Ministres sont les seuls qui aient occupé le ministère depuis 1814. Mais cette dernière comparaison pouvait-elle encore se faire en masse ? Je réponds que non, parce que les circonstances sous le poids desquelles M. Corvetto a occupé le ministère n'existent plus en 1819, et parce que, sous M. Corvetto, les ressources extraordinaires qui ont fourni les moyens de faire face à *des dépenses plus grandes*, sont provenues d'emprunts qui n'ont pas nécessité des frais de négociation ou qui ont supporté ceux qu'ils ont nécessités.

D'après ces explications, que deviennent les misérables chicanes que vous avez faites sur la division des articles composant ce qui était connu jusqu'alors sous le titre de frais de négociation? Comment qualifier les rapprochemens ridicules, les proportions absurdes que vous n'avez pas honte d'établir dans votre *Réponse* (page 22 et suivantes)?

Pour moi, je m'arrête : mon indignation ne me permet pas d'aller plus loin, et je conclus en répétant que votre rapprochement des frais de négociation est incomplet, ou, pour mieux dire, qu'il n'est rien dès qu'on le purge des intentions dans lesquelles vous l'avez fait.

Vous m'invitez à me reporter à la page 29 de votre *Situation au vrai*, pour y voir la comparaison des soldes en numéraire et valeurs représentatives existant à diverses époques, et vous prétendez que j'y trouverai la preuve de la *réplétude* excessive des caisses.

Les époques que vous avez choisies sont : le 1.er avril 1814, le 20 mars et le 8 juillet 1815, le 1.er janvier 1818 et 1819. Est-ce de bonne foi que vous rapprochez des époques aussi incohérentes ? Au 1.er avril 1814, le gouvernement était aux abois, il périssait à défaut de toute espèce de ressources : il en fut encore de même au 8 juillet 1815. A ces époques mémorables, la volonté des Ministres n'était pour rien dans l'état des caisses ; toutes les opérations de recette, soit par les revenus publics, soit par la voie du crédit, étaient interrompues, et une réalisation quelconque n'aurait pu avoir lieu qu'à l'aide d'une exécution militaire. Quelle comparaison voulez-vous donc établir entre ces époques et celle du 1.er janvier 1819, où le Ministre, usant de grands moyens, les dirigeait par sa seule volonté ? Quelles conséquences voulez-vous en tirer ? Est-ce contre le Ministre actuel ? Mais il ne faisait que d'entrer en place au 1.er janvier 1819 ; à peine avait-il pu reconnaître l'existence de ces soldes, puisqu'il n'a été nommé que le 29 décembre précédent. Est-ce contre le Ministre qu'il remplaçait ? Votre attaque serait au moins aussi injuste. Est-ce enfin contre M. Corvetto ? Mais avez-vous entendu les motifs qui avaient dirigé son administration? savez-vous sur quels renseignemens il les fondait ?

Cette effrayante accumulation, dites-vous, *menace de s'accroître encore en 1819; je le démontrerai; il est temps d'y mettre un terme;* est-il possible de faire un assemblage de mots plus bizarres et plus malheureux que celui-là, et peut-on être à ce point ignorant de toutes les règles de l'ordre public et privé ?

Si *cette accumulation* est *effrayante*, elle était inutile. Si elle était inutile, et si elle a eu lieu, soit parce que les paiemens ont été retardés, soit parce qu'il a été fait des emprunts à titre onéreux, il y a prévarication de la part du Ministre auteur de l'accumulation, et il y a lieu à accusation contre lui sans déblatérer, sans faire de scandale. Le motif de l'accusation ne serait pas dans le fait de l'accumulation, mais dans les moyens qu'il auraient amenée, dans l'abus de pouvoir qui aurait retardé les paiemens, ou dans la charge qui aurait été imposée inutilement à la nation en empruntant sans nécessité.

Menace de s'accroître encore en 1819. Si l'accumulation première était une prévarication, une plus grande accumulation serait une prévarication plus répréhensible. Dans l'ordre public, le mal ne se présume pas, et, dans l'ordre privé, les bienséances défendent de le supposer : mais, pour satisfaire votre passion, rien ne saurait vous arrêter.

Je le démontrerai. Quand? En 1820, par le compte prochain, car il est bien impossible autrement de savoir ce que le Ministre fera après le 1.er janvier 1819, à moins que vous ne prétendiez que votre passion vous donne la prescience.

Il est temps d'y mettre un terme. Vous voilà parvenu au comble de la déraison. Et comment, s'il vous plait, entendez-vous mettre ce terme? la loi elle-même a-t-elle la puissance d'empêcher une prévarication ? Elle peut tout au plus la punir quand elle a eu lieu ; et si le Ministre ne pouvait pas prévariquer, pourrait-il être responsable? et, pour qu'il ne le fût pas, ne faudrait-il pas commencer par changer la forme de notre gouvernement?

Voilà la fin où vos raisonnemens aboutissent et vous avez l'imprudence de demander qu'on les suive!

Les explications dans lesquelles je suis entré sur les frais de négociation s'appliquent également aux frais passés et aux frais à venir. Je pense que vous devez en être aussi satisfait que de celles que je vous ai données sur les encaisses.

Il me resterait, pour vous répondre complétement, à résoudre la question concernant l'habileté et l'économie des différens Ministres. J'ai déjà eu l'honneur de vous dire que je me garderais bien de porter ce jugement dans cette occasion; je vous prie donc de trouver bon que je m'en dispense.

J'espère que je serai plus heureux relativement à l'*ouvrage grave et instructif* que vous nous annoncez. Je l'attends, et je vais me préparer à vous en donner mon avis.

Je suis, etc.

MOLLARD.

De l'imprimerie de J. SMITH, rue Montmorency, 16.

www.ingramcontent.com/pod-product-compliance
Lightning Source LLC
LaVergne TN
LVHW010410240826
846091LV00020B/2865

* 9 7 8 2 0 1 1 7 5 8 6 6 8 *